Herstellung und Verlag: BoD – Books on Demand, Norderstedt

ISBN: 9783757818005

Charakterzüge - neue Entdeckungen und Techniken

Die Technik der Messung und Analyse unserer fünf Charakterzüge und wie diese Erkenntnis uns hilft, die Entscheidungen, die wir in unserem Leben treffen, zu verstehen.

Die Form deines Körpers verrät was in deinem Kopf passiert, und du hast das Recht zu wissen, wie dein Kopf funktioniert.

Einführung

Wir alle haben fünf Charakterzüge, die hier mit demselben Namen bezeichnet werden, den ihren Erfinder ihnen gegeben hat. Sie sind Schizoid, oral, psychopathisch, Masochistisch und Rigide. Jeder von ihnen bringt uns Schmerzen und Ressourcen, die in der frühen Kindheit in unserem Nervensystem registriert wurden.

Warum bedeutet die Durchführung einer Charakteranalyse von Charaktereigenschaften persönliches und berufliches Wachstum? Unser Körper ist der sichtbare Teil unseres Geistes und das, was unser Nervensystem in unserer Kindheit getan hat, um zu überleben.

Jeden Tag hast du die Möglichkeit dich zu entscheiden, ob du ein gesunder Erwachsener sein möchtest oder ieder Schmerzen haben möchtest; ob du Entscheidungen auf der Grundlage deiner Schmerzen oder deiner Ressourcen treffen willst.

Die Beschreibung der Eigenschaften wird dich dazu bringen, dich mit einigen intensiver zu identifizieren als mit anderen. Einstellungen und Gefühle zu erkennen, die du hast und von denen du nicht weisst, und auch zu verstehen, woher sie kommen.

Die wichtigste Person

Hast du jemals daran gedacht, von deinem eigenen Geist entführt zu werden? Dies geschieht, wenn wir aus verschiedenen Gründen aufhören, unsere Fähigkeit auszuüben, der zu sein, der wir sind, und unseren freien Willen und unsere Entscheidungsfreiheit zu genießen. Und der Bösewicht befindet sich selbst in einem inneren mentalen Krieg und zwar, dass wir den Feind und seine Taktiken nicht kennen.

Eine entführte Person verliert die Fähigkeit zu träumen und ihr eigenes Leben zu verfolgen. Sie hat nicht die Möglichkeit, die Errungenschaften zu genießen, die ihr zustehen. Wer ist für dich die wichtigste Person auf dieser Erde?

"Ist Jemand wichtiges in dir gefangen?" Und weißt du, wer es ist? Vermisst du es? Hast du dich selbst eingesperrt, um anderen Menschen zu gefallen? Willst du nicht aussteigen, um nicht mit der Realität der Außenwelt konfrontiert zu werden? Warum entscheidest du dich, in Gefangenschaft zu bleiben?

Manchmal beginnt diese Gefangenschaft schon in der Kindheit, und zwar nicht nur bei grausamen und unverantwortlichen Eltern, auch die liebevollsten Eltern der Welt können eine Gefangenschaft für ihre Kinder aufbauen.

Kindheit und gelebte Erfahrungen sind eine wichtige Grundlage für die Bildung unserer Persönlichkeit und unseres Charakters. Wenn du dich an deine Kindheit erinnerst, hast du dann ein Gefühl von Glück, ein Lächeln oder sind die meisten deiner Erinnerungen so düster, dass sie die glücklichen Momente auslöschen?

Oder hat dein Verstand es sich zur Aufgabe gemacht, zu vergessen, was du erlebt hast.

Unser gutes und schlechtes Verhalten als Erwachsener wird durch diese Phase der Aneignung von Werten und Normen geprägt, die unsere Entscheidungen und Verhaltensweisen als Erwachsene bestimmen. Und das Trauma ist der Schurke dafür, dass es heute so viele Erwachsene mit so viel emotionalem Schmerz gibt. Wir lernen mit Geld umzugehen, Maschinen zu bedienen, Geräte und erstaunliche Dinge zu bauen, aber wir lernen nicht mit unseren Gefühlen umzugehen, wir lernen nicht zu wissen, was unsere emotionalen Schmerzen und Ressourcen sind.

Ich werde hier unsere Charakterzüge (schizoide, orale, psychopathische, masochistische, rigide) beschreiben.

Gedächtnis

Was wir in der Kindheit erlebt haben, wirkt sich auf unser gesamtes Leben aus. Unser Verstand hat die unglaubliche Fähigkeit, Informationen zu speichern und kommende Ereignisse vorherzusagen, bevor er sich ein Bild im Kopf macht, das auf unseren Überzeugungen, unserem Wissen und unseren Erfahrungen beruht, so dass wir manchmal irrationale Entscheidungen treffen, die wir später vielleicht nicht verstehen. Manipulationen des Gehirns berauben uns die Fähigkeit, unser Grundrecht, Entscheidungen zu treffen, wahrzunehmen.

Eine der vielen Aufgaben des Hippocampus ist es, Erinnerungen zu speichern, und die Umgebung, die Sie seit Ihrer Geburt erlebt haben, hat Ihr Nervensystem dazu gebracht, mit jeder Emotion, die Sie empfinden, Erinnerungen zu speichern. Ob Sie als Fötus, Baby oder Kind etwas Gutes oder Schlechtes erlebt haben, hängt davon ab, wie Ihr Nervensystem zu diesem Zeitpunkt entwickelt war und wie Sie die Erfahrung verstanden haben.

Das Baby versteht nicht, was um sich herum geschieht, und da der Hippocampus zusammen mit dem Nervensystem Zeit braucht, um sich zu bilden, werden diese Erinnerungen nicht als Fakten im Gedächtnis gespeichert, sondern als Empfindungen und Emotionen, die zu unserem unbewussten Gedächtnis werden und sich in der Art und Weise zeigen, wie wir reagieren und leben. Das Nervensystem führt auch dazu, dass das Individuum einige seiner Erinnerungen in der Kindheitsphase verliert.

Myelinisierung

Eine der Möglichkeiten, wie das Nervensystem diese Erinnerungen aufzeichnete, war die Nutzung der Myelinisierung (wenn das Individuum die Kontrolle über den Körper und seine Gliedmaßen erlangt und neue Empfindungen registriert), um die wichtigsten Schmerzen/Traumata, die es seit der Schwangerschaft erlitten hatte, in der Körperform zu registrieren. Um zu überleben und mit dieser Situation umzugehen, schuf das Nervensystem eine Ressource, eine Fähigkeit. Die genetische Vererbung gibt uns körperliche Merkmale, aber die Umwelt, in der wir uns entwickelt haben, hat uns die Form unseres Körpers als Erwachsene gegeben.

Stell dir den Rückenmark wie eine elektrische Leitung vor. Der Draht besteht aus dem Kupferteil, der den Strom leitet, und der Kunststoffkappe, die den Kupferteil schützt, damit der Strom und die Energie nicht verloren gehen. Genau so funktioniert unser Knochenmark.

Im Inneren des Marks befinden sich die Neuronen, die den kupfernen Teil des elektrischen Drahtes darstellen, und außen befindet sich die Myelinschicht, die die Kunststoffschicht des Drahtes darstellt.

Aber sie entwickelt sich nicht gleichzeitig nach innen und außen. Wenn wir geboren werden, hat unser Rückenmark bereits seine innere Struktur mit den Neuronen fertig, aber dieser Draht ist noch nicht bedeckt.

Es beginnt sich im Mutterleib zu kappen, zu myelinisieren, und endet erst, wenn wir etwa sechs Jahre alt sind. Dieser fünfstufige Prozess beginnt im Gehirn und verläuft im Laufe des Wachstums über das Rückenmark bis zu dessen Ende. Parallel zu diesem Prozess der Myelinisierung werden unsere Charaktere geformt, die sowohl dem Geist als auch dem Körper ein bestimmtes Format geben.

Die erlittenen Traumata werden als Schmerzen bezeichnet, und die zur Bewältigung des Ereignisses entwickelten Fähigkeiten werden als Ressourcen bezeichnet.

Durch eine Analyse können wir feststellen, welche die wichtigsten erlittenen Traumata waren und wie viel Prozent davon im Körper vorhanden sind, so dass wir wissen, welche Fähigkeiten die Person besitzt. Es gibt fünf Charakterzüge: schizoid, oral, psychopathisch, masochistisch und rigide.

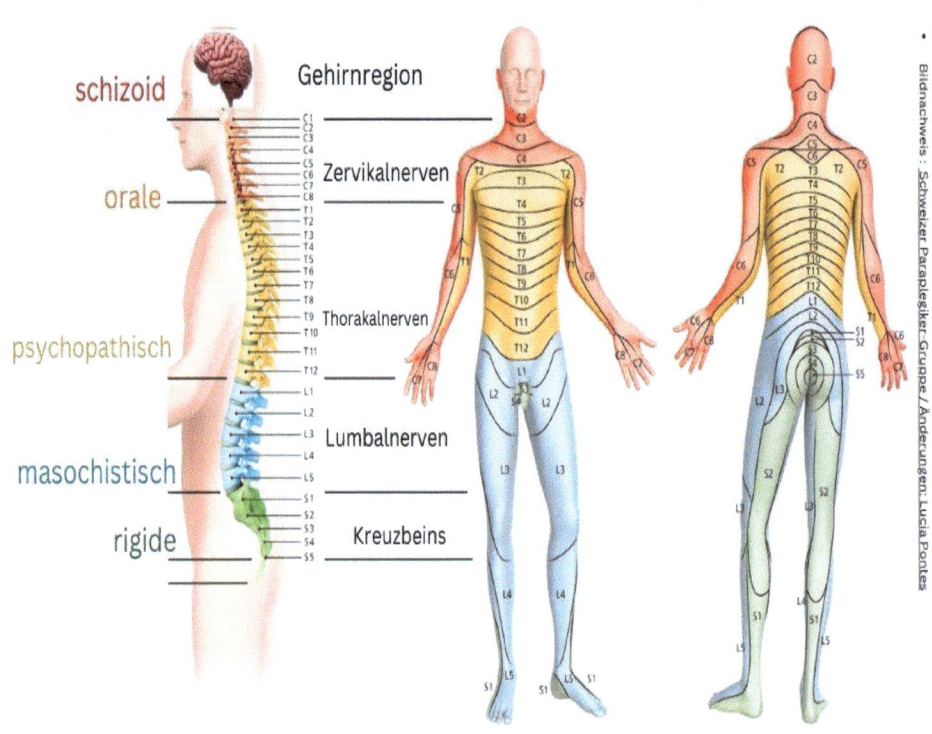

schizoid — Gehirnregion

orale — Zervikalnerven

psychopathisch — Thorakalnerven

masochistisch — Lumbalnerven

rigide — Kreuzbeins

Die Charakteranalyse

Ein Körperdiagramm, das die Funktionsweise des Verstandes entschlüsselt und die Probleme erklärt, die wir haben, und die Entscheidungen, die wir treffen. Die Charakteranalyse dient dazu, das zu offenbaren, was wirklich wichtig ist.

Du bist,wer du sein musst: Versuchen Sie nicht, jemand anderes zu sein oder zwei Leben zu führen, denn am Ende leben Sie keines davon.

Es geht nicht um das Studium der Gesten oder der Bewegungen einer Person, das ist eine andere Wissenschaft. Aber es geht um die körperlichen Merkmale deines Körpers.

Wir haben fünf grundlegende Empfindungen:
1. Ablehnung

2 . Verlassenheit
3. Manipulation
4. Demütigung
5. Verrat / Ausgrenzung

Die Art und Weise, wie jeder Mensch eine Situation wahrnimmt, variiert je nach der Grundeinstellung seines Nervensystems.

Wenn jemand nicht tun kann, was getan werden muss, oder nicht aufhören kann, das zu tun, was ihn verletzt, kann Die Charakteranalyse genau aufzeigen, welche grundlegenden Schmerzen sein Geist zu vermeiden hat oder was sein Geist durch Wiederholung von Mustern und schlechten Entscheidungen in seinem Leben zu lösen versucht.

Die fünf Charaktere des Geistes

Ein Wort der Warnung: Wir halten uns bei der Nomenklatur an die wissenschaftliche Literatur, lassen Sie sich also nicht von den Namen abschrecken.

Wir sprechen hier nicht von irgendwelchen Störungen oder von einer klinischen Pathologie.

Diese grundlegende Erklärung der Entstehung der fünf Charakterzüge hat Namen, die Sie vielleicht mit einer Art Störung oder Pathologie in Verbindung bringen.

Schizoide Charakterzug

Dieses Bild zeigt die Chronologie der Myelinisierung, die oben am Kopf beginnt und entlang der Wirbelsäule bis in den Bereich des Kreuzbeins verläuft. Nach dieser Chronologie befinden wir uns in der Phase des schizoiden Charakters, im weißen Band, d.h. dort, wo diese Region stimuliert und myelinisiert wird und alle vom Gehirn registrierten Empfindungen und Lernvorgänge aufnimmt. Dies ist die Region, die im Moment myelinisiert wird und die zu dem schizoiden Charakterzug führt.

Was bedeutet diese Myelinisierung? Wenn das Baby auf die Welt kommt, ist es weich, es hat nicht einmal die Kontrolle über seinen Hals. Das liegt daran, dass es einige Zeit dauert, bis die Myelinisierung dort einsetzt. Das bedeutet, dass der ganze Teil der Kontrolle und der Empfindung nicht im Körper ist. Das Kind bewegt sich also viel mehr durch Spasmen als durch die bewusste Absicht, diesen Körperteil zu bewegen.

Wenn das Baby im Mutterleib ist, existiert parallel zu allem, was geschieht, bereits die Welt da draußen, und es hat ein sehr deutliches Beispiel, vielleicht das deutlichste Beispiel, für die Erinnerungen, die bereits existieren, aber es kann nicht darauf zugreifen. Da es keinen Zugang zu ihr hat, versteht das Baby nicht, dass diese Außenwelt existiert. Aber es gibt sie, und sie wirkt sich aus, sowohl in dieser Informationsphase als auch in der Form unseres Körpers und Geistes bis zum Erwachsenenalter.

In diesem Stadium interagiert das Baby also bereits mit allem, was es wahrnimmt, und die Welt, die es wahrnimmt, ist der Mutterleib. Es ist nur so, dass sich die Myelinisierung noch im Kopf befindet und dieser Region alle ihre Sinneswahrnehmungen während dieser Phase verleiht.

Er empfindet und nimmt die Welt also entsprechend den Sinneseindrücken und Reizen wahr, die er nur in der Region des Kopfes in diesem Moment wahrnehmen kann.

Wenn es sich bewegt, interagiert das Baby mit der Gebärmutter der Mutter, dem Fruchtwasser, der Gebärmutterwand und der Plazenta. Das Baby versteht nicht, was eine Mutter ist, was ein Vater ist, was eine Familie ist, was Arbeit ist, was Geld ist. Er kennt nur sich selbst und die Grenzen, die ihm der Mutterleib setzt.

Der Mutterleib ist für das Baby nicht immer derselbe. Die Mutter lebt ihr Leben und erlebt verschiedene Situationen, die dazu führen, dass sie mehr oder weniger durchblutet ist. In manchen Momenten ist die Gebärmutter härter, angespannter und in anderen entspannter, je nach emotionalem Moment und äußeren Umständen.

Das Baby weiß nicht, was in ihm vorgeht. In einem Moment ist die Gebärmutter gut, in einem anderen schlecht. Jetzt werden wir beginnen, den Schmerz des schizoiden Charakterzugs zu verstehen.

Wie wir gesehen haben, beeinflusst die Außenwelt der Mutter die Welt des Babys. Obwohl er das Konzept der Mutter noch nicht versteht, auch nicht das der Außenwelt. Für das Baby ist die Welt

nur das! All diese Ereignisse leiten bereits die biologische Bildung und die emotionale Information dieses Wesens. Die Neuronen entwickeln sich in extrem beschleunigten Synapsen und auch die Gefühlswelt des Kindes registriert den ganzen Prozess.

Jedes Mal, wenn er sich bewegt, gibt es also einen Konflikt für das Baby, vor allem, weil er keine Kontrolle hat. Er bewegt sich und stößt an die Wand der Gebärmutter und erinnert die Mutter daran, dass sie schwanger ist. Die Mutter verändert sich aus Gründen, die nicht die Schuld des Babys sind. Ihr emotionaler Zustand ändert sich, ihr physiologischer Zustand ändert sich, und sie wird weniger Blut in die Gebärmutter schicken, völlig unbewusst, und das alles geschieht sehr schnell!

Das Baby merkt, dass er sich bewegt hat und die Gebärmutter unangenehm geworden ist. Er kann sich nicht vorstellen, dass es daran liegt, dass seine Mutter sich Sorgen macht oder dass sein Vater gerade seinen Job verloren hat oder dass seine Großmutter gestorben ist, aber irgendetwas passiert ist.

Der Weg nach links besteht also darin, sich so wenig wie möglich zu bewegen. Die größte Myelinisierung findet in dieser Phase gerade im Gehirn statt. Er unterbricht also die

Verbindung, als ob der Körper nicht so wichtig wäre, der Kopf aber schon.

Diese Abkopplung ist typisch für Schizoide. Er schuf einen Mechanismus, um das Gefühl der Ablehnung der Welt, das ihm seine Sinneswahrnehmungen vermittelte, zu überleben. Aber in Wirklichkeit wurde er nicht abgewiesen.

Was der Schizoide in diesem Moment registriert, ist: "Diese Welt will mich nicht, denn jedes Mal, wenn ich existiere, wird es schlimmer, es ist also besser, wenn ich nicht existiere". Der Schmerz des schizoiden Charakterzugs ist der Schmerz der Ablehnung. Er hat verstanden, dass er Schwierigkeiten hat zu existieren. Er strebt danach, so wenig wie möglich zu existieren, und sendet all seine Energie, all seine elektrischen Impulse an das Gehirn, damit der Körper still steht, damit er nicht existiert. Aber nicht zu existieren, macht keinen Sinn. Er muss existieren.

Der Weg zu existieren besteht also darin, die gesamte Energie, die gesamte Lebenskraft, die er hat, in den Kopf zu schicken und den Geist vom Körper zu trennen.

Was das Kind in diesem Moment entwickelt und anregt, ist die Vorstellungskraft, die Kreativität, d. h. eine geistige Ressource, die der einzige Ort ist, an dem es nach Belieben existieren kann, ohne dass seine Welt schlechter wird. Interessant ist nun, dass wir wissen, dass sich dies das ganze Leben lang wiederholt. Ein extrem schizoider Mensch lebt in einer abgekoppelten Welt, "in der Welt des Mondes". Manchmal schaut die Person sie an, aber das Auge scheint nicht zu schauen. Er löst sich vom Körper. So erleben wir den Schizoiden manchmal als eine unbeteiligte, kalte, übermäßig rationale Person. Aber die Wahrheit ist, dass er so sein
muss, um zu überleben, dass der Schizoide seine ganze Energie in seinen Kopf steckt.

Es gibt keine Möglichkeit, ein Beispiel für einen 100%igen Schizoiden zu geben, denn wir sind eine Mischung aus verschiedenen Merkmalen. Ein Beispiel für eine überwiegend schizoide Person ist Mahatma Gandhi.

Schizoide in Leben, Schmerz und Ressource

Menschen, die sich mit Persönlichkeitsmerkmalen beschäftigen, fragen sich häufig: Wie kann ich weniger schizoid sein? Wie kann ich weniger masochistisch sein? Psychopathisch? Was auch immer das ist. Aber die Antwort ist, dass das nicht machbar und nicht gesund ist. Sie müssen verstehen, dass Sie sind, wer Sie sein müssen, und dass jeder Schmerz eine Ressource mit sich bringt. Wenn jemand fragt: "Mensch, wie kann ich weniger schizoid sein?", meint er eigentlich: "Wie kann ich diesen Schmerz loswerden, den ich als den Schmerz des Schizoiden verstehe?"

Da jeder Schmerz eine Ressource mit sich bringt, hat der Schizoide, während er im Mutterleib verborgen blieb und nicht existierte, eine sehr mächtige Ressource gewonnen, nämlich seinen Verstand, seine Vorstellungskraft, seine

Kreativität. Der Schizoide verfügt also über sehr gute Ressourcen. Aber die Leute wollen wissen, "wie es weniger weh tun kann".

Der Schizoide erschafft sich Welten, weil er alles in seinem Kopf erschafft. Er lebt in einer anderen Realität, einem Paralleluniversum in sich selbst. Wenn er in die Realität zurückkommt, hat er manchmal sogar einen Schock.

Er denkt: "Nun, meine Realität ist nicht so gut wie die, die ich mir vorgestellt habe. In meinem Kopf kann ich mir alles vorstellen."

Diese Art zu leben, mit Kreativität, alternativen Ideen, außerhalb des Tellerrandes, bringt einen großen Nutzen für Ihr tägliches Leben, für Ihren Beruf, für Ihre Beziehungen, denn Sie bringen Alternativen, neue Antworten.

Ein Schizoid zu sein, kann wunderbar oder schrecklich sein, und einen Schizoiden an seiner Seite zu haben, kann wunderbar oder schrecklich sein. Wir müssen verstehen, wer wir sind und welche Ressourcen uns zur Verfügung stehen, und wir müssen die Menschen so respektieren, wie sie sind. Wenn man schizoid ist, hat es keinen Sinn, von anderen die Objektivität, die Synthesefähigkeit oder die Fähigkeit zu vergleichen und Parallelen zu ziehen zu verlangen, die man selbst hat. Der Schizoide muss eine Person respektieren, die nicht schizoid ist, und das Gegenteil muss ebenfalls geschehen.

Wenn wir z. B. an den wirtschaftlichen Bereich denken, sollten wir einem Schizoiden nicht die Verantwortung für alles übertragen, denn er erschafft alles in seinem Kopf, er erschafft und führt nicht gleichzeitig aus, denn er hat nicht viel zu bieten, wenn es um die

Ausführung geht. In der Tat kann man in der Geschäftswelt nichts allein machen.

Der Schizoide hat eine so große schöpferische Fähigkeit, dass seine Kreativität und Produktivität zunimmt, wenn er sich damit wohlfühlt und an sich selbst glaubt. Wenn wir also von dem Schizoiden erwarten, was er zu liefern hat, fühlt er sich nicht zurückgewiesen, was sein größter Schmerz ist.

Oft hat der Schizoide diese ganze verrückte Welt in seinem Kopf, und er hat Angst, sich von der Welt abgelehnt zu fühlen, weil die Realität so anders ist als das, was in seinem Kopf vor sich geht. Also stellt er diese Ideen nicht zur Schau, er stellt seine Kreativität nicht zur Schau, er hört auf, für die Welt zu schaffen, und fängt an, nur in seinem Kopf zu schaffen, und verschließt sich mehr und mehr.

Wenn ein Schizoider nicht sein ganzes Potenzial ausschöpft, bleibt es in einer kleinen Schachtel, aus Angst vor der Existenz.

Ein Schizoider hat "Schmerzen", wenn er seine Ideen nicht mit anderen teilt, sich in seinem Kopf isoliert und sich in die "Höhle des Schizoiden" begibt, wie wir es nennen können.

Er bleibt in seiner eigenen kleinen Welt, ohne mit der Außenwelt in Kontakt zu treten.

Das liegt daran, dass er in dem Moment, in dem er aus seinem Kopf herauskommt und die Welt ihn ablehnt, oder er große Angst davor hat, abgelehnt zu werden. Er lebt also in der Welt des Schmerzes, des Leidens, in der er nicht die Fähigkeit, die

Möglichkeit oder den Mut hat, seine Ideen zu offenbaren, so zu existieren, wie er ist.

Der schizoide Mensch auf der anderen Seite vertraut den Dingen, die er in seinem Kopf erschafft, und bringt sie in die Welt hinaus. Selbst wenn die Welt nicht weiß, wie sie das aufnehmen soll, oder sich verändert oder nicht genau so ist, wie er es sich vorgestellt

hat, weiß er, wie er mit dieser äußeren Welt interagieren und sie ergänzen kann. Er wird der Welt einen Nutzen bringen, indem er der Welt erlaubt, seine Ideen zu rezipieren und sich selbst zu erlauben, auf diese Weise zu existieren.

Bedeutet das, dass ein Schizoide, der in Berufung geht, die Höhle nicht braucht? Nein, das tut er. Aber wenn er in der Ressource lebt, kann er zwischen diesen beiden Umgebungen wechseln. Er kann in die reale Welt kommen und ein Stück zurück in die Höhle gehen, länger in der Höhle bleiben und wieder in die reale Welt zurückkommen

Wie bereits gesagt wurde, brauchen sich diese Menschen nicht zu ändern. Je mehr sie so sind, wie sie sind, desto besser. Es ist wichtig, die existentielle Welt der Menschen zu respektieren, angefangen bei unserer eigenen.

Wir leben mit unserem existenziellen Schmerz oder unserer existenziellen Ressource. Das ist eine tägliche Entscheidung, die wir treffen müssen. Je mehr Zeit man mit der Ressource verbringt, desto vertrauter und geschickter wird man mit ihr. Manche Menschen haben so lange mit dem existenziellen Schmerz ihres

Merkmals gelebt, dass sie diesen Schmerz zu einem "Lieblingsschmerz" machen.

Im Alltag müssen Sie wissen, was Sie bei jedem Charakterzug tun und was nicht, und was Sie von jedem Charakterzug erwarten und was nicht.

Was kann man von einem Schizoiden erwarten?
Grund
Gedanken
unkonventionelle Ideen
etwas anderes
zeigt keine Zuneigung durch Gesten

Und was kann man von einem Schizoiden nicht erwarten? Das Gegenteil ist der Fall. Erwarten Sie zum Beispiel nicht, dass sie immer das Gleiche auf die gleiche Weise tun wollen.
Erwarten Sie auch keinen körperlichen Kontakt von dieser Person. Er/sie versteckt sich, vermeidet den Kontakt mit der Welt und ist genervt, wenn ihn/sie jemand ständig berühren, anfassen oder umarmen will.

Viele Paare streiten sich nur, weil einer der beiden einen vorherrschenden schizoide Charakterzug hat, der es erfordert, sich zu sehr zu umarmen und zu akzeptieren, zu sehr umarmt zu werden, und diese Umarmung sogar zu mögen. Dann beginnen diese Konflikte: "Es scheint, du liebst mich nicht, du zeigst keine Liebe...". Wenn die Person in Wirklichkeit sagt: "Du zeigst keine Liebe auf meine Art".

Die schizoide Person erklärt, was sie fühlt, sie zeigt nicht, was sie fühlt. Er oder sie ist niemand, der sich nach außen hin um seine oder ihre Gefühle kümmert. Ist das falsch? Nein, es ist einfach anders. Das ist der schizoide Weg.

Für den Schizoiden erinnert körperlicher Kontakt ihn an andere neuronale Bahnen, die ihm Unbehagen bereiten. Körperlicher Kontakt weckt Erinnerungen an eine Welt, die zum Zeitpunkt der Entstehung des schizoiden Charakterzugs nicht so gut war. Der Schizoide existiert also mit seinem Geist und nicht mit seinem Körper, und er hat keinen Kontakt.

Man stimuliert einen Schizoiden, indem man seinen Geist anregt oder indem man seine verrückten Ideen lobt, denn dann hat er das Gefühl, dass die Welt seine Ideen nicht ablehnt. Je mehr Sie also die Ideen, Gedanken und sogar Gründe, die er einbringt, loben können, desto mehr wird er angeregt und desto mehr lebt er in der Regel auf Anklang. Das Lob seiner körperlichen Schönheit macht für ihn keinen Unterschied.

Ob in persönlichen Beziehungen oder im Geschäftsleben, schätzen Sie diese Seite des Schizoiden, dann werden Sie mit ihm zurechtkommen. In der Regel überwiegt bei Menschen im kreativen Bereich eines Unternehmens die schizoide Charakterzug.

Wenn Sie also im Management oder in der Geschäftswelt arbeiten, sollten Sie sich das ansehen. Wenn die Menschen am richtigen Ort sind, bleiben sie viel länger in ihrer Ressource, sind viel produktiver und leisten einen besseren Beitrag zur Welt.

Ein Thema, das viele schwangere Frauen ansprechen, ist die Angst vor den Veränderungen, den emotionalen Veränderungen, die eine Schwangerschaft mit sich bringt, die Angst, dass das Kind sich abgelehnt fühlen könnte. Wenn dies wirklich geschieht, denken Sie daran, wie viele Ressourcen das Kind gewinnt.

Kurz gesagt, wir haben weder Einfluss darauf, was in der Außenwelt passiert, noch darauf, wie sich das Kind innerlich fühlt. Denken Sie daran, dass jeder Schmerz eine Ressource mit sich bringt. Versuchen Sie also, Ihr Kind zu fördern und ihm zu helfen, seine Ressourcen während seiner gesamten Entwicklung zu erkennen.

Orale Charakterzug

Dieses Merkmal wird während des Myelinisierungsprozesses, der unser Nervensystem aufbaut, gebildet. Der orale Charakterzug hängt mit unserem emotionalen Gehirn, dem limbischen System, zusammen.

Die Form des Körpers spiegelt die Funktionsweise unseres Geistes wider und erklärt die Lebensgeschichte, die wir haben. Gehen wir den Prozess der Myelinisierung durch, um die Bildung des oralen Charakterzugs in der Abbildung unten zu verstehen.

Beachten Sie den braunen Bereich auf dem Bild. Das ist die Region der Myelinisierung des oralen Charakterzug. Die Halswirbelsäule führt Nervenabzweigungen zu den Armen, dem Hals und dem Mund, wodurch das Baby viele neue Sinneseindrücke gewinnt und lernt.

Hier geht es um die Vertiefung von Geschmack, Geruch, Gehör und Tastsinn.

All diese Empfindungen verstärken sich. Das Baby beginnt, mit der Außenwelt zu interagieren, und sein Nervensystem wird von einer Flut neuer Informationen durchströmt.

Das Kind wird hauptsächlich über den Mund mit der Welt in Kontakt treten, insbesondere durch das Stillen. Der Zeitraum der oralen Merkmalsbildung erstreckt sich vom ersten Lebensmonat bis zu einem Jahr oder anderthalb Jahren.

Dies ist eine Phase der extremen Abhängigkeit des Kindes. Es hat noch nicht gelernt, zu laufen oder zu krabbeln und fühlt sich

manchmal unwohl, hat Hunger und schläft. Wenn es weint, möchte man,dass jemand seine Bedürfnisse errät, aber die Betreuungsperson kann nicht immer erraten, was seine Bedürfnisse sind.

Doch es gibt ein Problem. Zu diesem Zeitpunkt können die Bedürfnisse des Babys übermäßig beachtet oder vernachlässigt und nicht erfüllt werden. Und dann wird der orale Charakterzug Schmerz geboren.

Orale in Leben, Schmerz und Ressource

Der große Schmerz des Oralen ist der des Verlassenseins, der Schmerz, nicht gesehen zu werden. In dieser Phase ist der Kontakt von grundlegender Bedeutung für das Kind, um seine Umgebung zu verstehen.

Es gibt zwei Arten des Oralen: die eine ist der Orale des Übermaßes, die andere der Orale des Mangels. Stellen Sie sich ein Kind vor, das ein bestimmtes Problem hat, z. B. ein Etikett auf der Kleidung, das ihm stört. Er weint und bekommt alles: Schnuller, Schoß, Brust, Windelwechsel, nur nicht das, was er wirklich braucht.

Wenn kein Bedürfnis gestillt wird, haben wir das Gefühl des Mangels. Es gibt Kinder, die viel weinen und lange darauf warten müssen, dass ihre Bedürfnisse erfüllt werden. Der Schmerz ist derselbe, denn ob durch Übermaß oder Mangel, das eigentliche Problem, das das Kind hat, wurde nicht gelöst. Der Schmerz des Oralen ist der Schmerz derer, deren Bedürfnisse nicht erfüllt wurden.

Das, was der Mensch in der Vergangenheit erlebt hat, wirkt sich stark auf sein Leben aus, auch wenn er sich nicht daran erinnert. Die Aufzeichnungen, die der Orale in seiner Gefühlswelt hat, sagen: "Du wirst verlassen werden, du musst etwas tun!

Und hier haben wir die Entwicklung der Ressource des Oralen Charakterzug. Die Person lernt zwangsläufig, sich auf verschiedene Weise mitzuteilen, z. B. durch Gesten, Berührungen, Sprache, verschiedene Töne des Schreiens und körperliche Ausdrücke.

Aber die Welt eines Menschen, bei den oralen Charakterzüge vorherrschen, ist eine sehr emotionale, sensible Welt. Die Person verbindet sich auf eine gefühlsmäßige Weise mit anderen. Der Blick des Sprechenden spricht, auch wenn er schweigt. Für einen Menschen mit oralen Eigenschaften sieht die Welt umso besser aus, je mehr er kommuniziert.

Orale Menschen kommunizieren mit ihren Augen, Händen und Gesten, wobei sie immer versuchen, ihre Kommunikation so klar wie möglich zu gestalten, damit der andere versteht, was er braucht, noch bevor er spricht. Orale Menschen sind sehr transparent. Sie können ihre Emotionen nicht verbergen, sie sind "direkt".

Wir werden nun etwas über die Funktionsweise des oralen Wesens erfahren, über die Auswirkungen dieses Charakterzüge auf seine Gefühlswelt und darüber, wie er mit den Menschen und allem, was ihn umgibt, in Beziehung steht. Lernen wir die Schmerzen und Ressourcen des Oralen im Alltag kennen.

Es ist eine Sache, den Schmerz zu verstehen, der die Ressource für die orale Bildung bildet, aber den Mut zu haben, die Existenz dieses Schmerzes zu respektieren, ist eine andere Sache. Es ist relativ einfach, mit einem weinenden Baby umzugehen, aber manchmal braucht es Einfühlungsvermögen und Respekt, um mit einem weinenden Erwachsenen umzugehen.

Wenn Oral weint, will er einfach nur etwas loswerden, er will weder einen Grund dafür haben, noch verstanden werden. In Wirklichkeit weiß er nicht einmal, was er will. Wie wir gesehen haben, war das Schreien um Hilfe in Munds Nervensystem einprogrammiert. Oral manifestiert sich auf diese Weise, um ein sicheres Umfeld zu schaffen, in dem seine Ressourcen leben können.

Die Ressource des Oralen liegt in der motorischen Fähigkeit der Arme, in der Empfindung, im Geschmack, im Weinen, im Ausdruck der Augen, in der Kommunikation. In der Realität des Oralen ist das Weinen eine Ressource. Und wenn Sie ein Mensch mit dem oralen Charakterzug sind und nicht weinen können, werden Sie mit Schmerzen leben.

Für den Oralen ist es schlimm, in einer Umgebung zu leben oder zu überleben, in der er nicht weinen kann oder in der er sich erklären muss, wenn er weint.

Leider leben wir in einem extrem feindseligen sozialen Umfeld, in dem die Menschen eine Erklärung, einen Grund, eine Entschuldigung wollen und in der Regel kein Weinen akzeptieren.

Ein Redner, der Schmerzen hat, arbeitet ganz anders als ein Redner, der keine Schmerzen hat. Wenn er Schmerzen hat, benutzt er Gesten, Sprache und Mimik, um sich an die Menschen zu klammern, um zu saugen, mit dem Gedanken "Ich habe Schmerzen, gib mir etwas, damit ich hier rauskomme". Der Orale weiß nicht, was er will, er weiß nur, dass es nicht gut ist, dass er sich unwohl fühlt, dass er Schmerzen hat.

Und warum weiß der Mund nicht, was er will? Das geht zurück auf den prägenden Moment, als er nicht wusste, was er fühlte. Das Baby fühlte sich in seinem Bettchen unwohl, und die Betreuerin musste raten. Und dann dachte er: "Versuch mal zu raten, ich weiß auch nicht, was es ist".

Wenn das Kind mit seiner Ressource in Kontakt kommt und versteht, dass er weinen darf und dass dies gut für ihn ist, beginnt er, anders zu kommunizieren, seine Gefühle zu öffnen und zu fühlen, was immer kommt. Ein weiteres Merkmal des Oralen ist, dass er die Superkraft besitzt, auch zu erraten, was der andere fühlt, was er denkt.

Wenn der orale Mensch Schmerzen hat und niemand an seiner Seite ist, der ihn zum Weinen bringt oder ihm sagt, was er fühlt, kann er sich durch Alkohol, Zigaretten, Partys und Exzesse ausdrücken, denn er handelt immer mit großer Intensität.

Wenn wir sagen, dass es niemanden gibt, der zuhört und den Oralen Schrei zulässt, schließen wir die Person selbst ein. Viele Menschen mit dem oralen Charakterzug denken, dass sie nicht weinen oder sich erlauben können, ihre Gefühle zu zeigen, und haben Gedanken wie "damit ich perfekt bin, muss ich sagen, dass ich nicht weine" oder "mir ist nicht nach Weinen zumute". Damit wird der Mensch zum

Henker seiner selbst, denn er verlangt von sich selbst eine Haltung, die nichts mit ihm zu tun hat.

Weinen, für den Oralen ist ein Heilmittel, ist nicht etwas Schlechtes. Es ist keine Traurigkeit, es ist keine Depression, es ist nichts, was aus seinem Leben entfernt werden muss. Wenn der Orale dies begreift und seine Fähigkeiten zu seinem Vorteil nutzt, beginnt er auch, die Ressource der Improvisation einzusetzen. Der Orale Mensch versteht es, Feinheiten zu erkennen und herauszuarbeiten. Er will immer im Mittelpunkt stehen, schließlich steckt dahinter ein Schmerz des Verlassenseins, der heute zu einer Ressource für ihn geworden ist. Der Orale kann damit Menschen anlocken, indem er ihnen "eine Runde" anbietet.

Um eine Mundhöhle zu stimulieren, muss man ihr erlauben, zu kommunizieren. Sie können ihn auch durch Berührung stimulieren. Versuchen Sie, den Oralen zu berühren, wenn Sie mit ihm sprechen, und die Dinge werden viel besser laufen.

Erwarten Sie von diesem Charakterzug keine logische Argumentation. Der Orale bringt mehrere Geschichten und Empfindungen gleichzeitig hervor. Während er eine Geschichte erzählt, hat er sich bereits an eine andere erinnert, die sie in das Gespräch einbringt und erwartet immer noch, dass Sie alle

Überlegungen verstehen, denn all diese Empfindungen spielen sich in seinem Kopf ab.

Der Orale kommt mit Schweigen nicht gut zurecht, vor allem wenn er Schmerzen hat. In der Stille muss er etwas in den Mund nehmen, Nägel kauen, Wasser trinken, rauchen, Kugeln lutschen, irgendetwas, um den Mund zu beschäftigen.

Außerdem liebt es, wenn andere seine Gefühle anerkennen und seine Emotionen wertschätzen. Er möchte nur wissen, dass es einen Raum für ihn gibt, in dem er existieren kann, ohne dass er verurteilt wird, unhöflich ist oder sich von Ihnen distanziert.

Die Ressourcen, die die orale Person zu bieten hat, sind Willkommenheit, Einfühlungsvermögen und die Fähigkeit zu spüren, was die andere Person fühlt. Es geht nicht nur um die Fähigkeit zu fühlen, sondern auch darum, sich zu kümmern, zu zeigen, dass man fühlt.

Wenn der orale Mensch jemanden bedient und die Person dies mit einem Kommentar wie "Wie schön, dass du das für mich getan hast!" würdigt, füllt sich der orale Mensch, als hätte er "die Welt gegessen", denn die existenzielle Leere, die er mit Essen zu füllen versucht, lässt sich viel leichter mit Zuneigung, Zärtlichkeit, Aufmerksamkeit, Fürsorge und Anerkennung füllen. Der orale Mensch ist sehr sensibel und intuitiv.

Er will, dass jemand anderes es für ihn tut, weil er glaubt, dass es ihm an etwas fehlt. Deshalb nimmt er, wenn er etwas sieht, für sich, er will mehr, um sicher zu sein, dass er es immer haben wird, dass es ihm nicht fehlen wird, wegen seines Bedürfnisses, gefüllt zu werden.

Der Sprecher des Mangels versucht, seine Leere mit Mangel zu füllen. Wie ist das so? Er fühlt diese existenzielle Leere. Der Sprecher des Überflusses braucht viel, um seine Leere zu füllen. Wenn er Schmerzen hat, kann das viel Geld sein, das nicht reicht, Süchte, Einkaufen, Essen. Nichts macht ihn satt, er braucht mehr!

Im Falle des Oralen des Mangels muss er, wenn er Schmerzen hat, sicherstellen, dass ihm etwas fehlt. Wenn wir ihm also einen Saft anbieten, wird er genau die Geschmacksrichtung haben wollen, die nicht verfügbar ist.

Es ist, als ob er einen Mangel sucht, um den Mangel zu vermeiden, den er bei der Entstehung der Spur empfunden hat. Er wird alles wollen, was nicht zu erreichen ist, nicht weil er den Ehrgeiz hat, zu erobern, sondern um zu gewährleisten, dass er den ursprünglichen Schmerz, der während seiner Entwicklung geschah, nicht spürt.

Psychopathische Charakterzug

Lassen Sie uns im Rahmen der Body Explains-Analyse über den psychopathische Charakterzug sprechen. Dies ist die Eigenschaft von Menschen mit einem natürlichen Talent, Menschen zu führen, Teams zu leiten und alle für ein gemeinsames Ziel arbeiten zu lassen.

Hier geht die Geschichte unserer Entwicklung weiter, mit der Bildung neuer Empfindungen und neuer Nervenbahnen, die das Kind entdeckt und nutzt, um in seiner Entwicklung zu überleben.

Die Myelinisierung setzt in der Brustwirbelsäule ein, die in der Abbildung blau dargestellt ist. Dies ist der Teil des Stammes. Das Kind beginnt, die Kontrolle über den Rumpf zu erlangen. Die Teile, die bereits myelinisiert sind, werden nun feiner kontrolliert.

Während das Kind in der oralen Phase alles wahllos in den Mund gesteckt hat, kann es in der psychopathischen Phase eine Gabel, einen Löffel, einen Buntstift kontrollierter halten, weil es die bereits erworbenen Fähigkeiten verbessert. Die Kontrolle des Rumpfes ist eine sehr wichtige Fähigkeit für die Ausbildung des Geistes und des Körpers der psychopathischen Charakterzug.

Dieser Charakterzug beginnt sich im Leben des Kindes ab einem Alter von eineinhalb bis zweieinhalb Jahren zu entwickeln. In diesem Stadium ist das Kind nicht mehr so sehr von seiner Mutter

abhängig, es kann bereits laufen, es kann bereits suchen und sogar besser verbalisieren, was es will. Das Kind kann sich nun von der Mutter lösen und den Kontakt zu anderen Menschen suchen.

In dieser neuen Phase nimmt das Kind viel mehr Menschen wahr, lernt mit viel mehr Menschen, bewertet viel mehr Menschen und beginnt, von viel mehr Menschen mehr zu erwarten.

In der oralen Phase, die dieser Phase vorausging, brauchte das Kind nur für seine Mutter zu existieren und brauchte nur nach ihr zu rufen, um seine Bedürfnisse zu befriedigen. Aber jetzt ist es notwendig, andere Menschen zu "überzeugen", sich mit anderen Menschen zu verbinden, für sie wichtig zu werden.

Das ist der Moment, in dem der Schmerz des Psychopathen beginnt, denn manchmal begreift er, dass es unwichtig wird, wenn er nichts tut. Er kann sich nicht nur und ausschließlich aufgrund dessen, was er ist, als wichtig betrachten. Er glaubt, dass nur das, was er für andere tut, für ihn einen Wert hat. Der Gedanke ist "wenn ich nichts tue, habe ich keinen Wert".

Zur Veranschaulichung: Wenn ein Kind ein Lied singt, etwas wiederholt, was ihm beigebracht wurde, und von seinen Eltern gelobt wird. Aber wenn die Eltern ihn auffordern, es zu tun, und er es nicht tut, sagen die Eltern, er solle gehen und mit anderen Kindern spielen, und sie machen unter sich weiter und machen etwas anderes. Wenn dies wiederholt geschieht, beginnt das Kind zu verstehen, dass er nicht nur wichtig ist, weil er existiert, sondern dass es wichtig ist, wenn er etwas tut, was den Erwachsenen gefällt.

Dann beginnt das Kind, die Welt wahrzunehmen, seine Reaktionen umzuprogrammieren, um etwas zu tun, und auch zu bewerten, was Menschen tun. Das liegt daran, dass er versteht, dass er nicht das Wichtigste ist, was Menschen sind, was wir sind, sondern dass das Wichtigste ist, was wir tun.

Menschen mit einem psychopathischen Charakterzug scheinen also kältere Menschen zu sein. Der Psychopath sucht nach Wegen, die nicht durch die Region der Empfindungen, sondern durch die Region der Vernunft führen. Für ihn läuft es auf die Frage hinaus: "Was kann ich tun, um für diese Person von Wert zu sein? Und was hat er getan, das ihn für mich wertvoll macht? Das Kind formt also zu diesem Zeitpunkt sein Nervensystem und seinen Körper, um in dieser neuen Umgebung zu reagieren und zu überleben.

Dies ist die Zeit, in der die Eltern die höchsten Erwartungen an das Kind haben, dass er interagiert, Mama und Papa spricht, Happy Birthday singt, Purzelbäume schlägt usw. Das liegt daran, dass das Kind in der vorangegangenen, oralen Phase ständig von ihnen abhängig war und nicht wusste, wie es kommunizieren, weinen oder schlafen sollte.

Die Eltern denken also: "Je mehr du mit mir interagiert, desto mehr Zuneigung, Zärtlichkeit und Aufmerksamkeit gebe ich dir". Aber wenn das Kind zu verstehen beginnt, dass es nur in diesen Momenten Zuneigung, Zärtlichkeit Und Aufmerksamkeit erhält, beginnt er das Gefühl der Manipulation zu haben.

Die spätere Ausprägung des psychopathischen Charakterzugs hängt auch von einem Trauma ab, das das Kind in der Kindheit erlebt hat, denn in seinem Leben passieren verschiedene Dinge, die nicht kontrollierbar sind, wie ein Todesfall, eine Zurückweisung oder etwas anderes, das in dieser Phase den Schmerz des Psychopathen hervorhebt.

Nun interagiert dieses Kind mit der Welt um es herum und mit den Ereignissen in der Familie, die manchmal traumatisch sind, und während das Leben passiert, ist es manchmal nicht möglich, darauf zu achten, was das Kind fühlt.

In der Familie gibt es Probleme, und das Kind bekommt den Eindruck, dass es nicht mehr ausreicht, nur zu kuscheln, sondern dass es auch etwas tun muss, sich um seine eigenen Sachen zu kümmern, seinen Körper waschen, Mama und Papa irgendwie helfen.

Das Problem besteht darin, dass der Eindruck, dass "ich ständig etwas tun muss", dem Kind zu verstehen gibt, dass er nicht wertvoll ist, und dass er sich manipuliert fühlen kann. Und dann entsteht ein weiteres Dilemma für das Kind: "Oh, ich muss die ganze Zeit etwas tun, weil ich gerade erst laufen gelernt habe. Ich bin noch nicht so weit." Und dann beginnt das Kind oft, zusätzlich zu seiner neuen Fähigkeit Tricks anzuwenden, um den anderen dazu zu bringen, Dinge für Ihn zu tun.

Der Gedanke ist: "Wie kann ich meine Mutter dazu bringen, das zu tun, was ich will? Was muss ich tun, damit mein Vater das tut, was ich will? Wenn das Kind zum Beispiel weiß, dass es gescholten wird, sagt es zu seiner Mutter "schön, ich hab dich so lieb usw.", nur um nicht gescholten zu werden, und es funktioniert.

Oder wenn das Kind etwas von seinem Vater möchte, aber weiß, dass es ein Nein bekommt, wenn es direkt zu ihm geht, dann geht er zu seiner Mutter, kuschelt mit ihr und fragt seine Mutter, worum sie sein Vater bitten soll. Die Mutter bittet dann den Vater dies für das Kind zu tun. An diesem Punkt hat das Kind einen Weg der Artikulation geschaffen. Und das ist schließlich die große Macht des Psychopathen, seine große Ressource. Er entwickelt die Fähigkeit, seine Umgebung so zu gestalten, dass die Dinge so geschehen, wie er es möchte.

In dieser Phase lernt das Kind also, mit zwei neuen Konzepten umzugehen: Austausch und Erwartung. Je mehr die Beziehung also auf Austausch und Erwartung beruht, desto mehr wird das Kind das Gefühl haben, manipuliert zu werden. Er versteht, dass er nur dann gesehen wird, wenn er eine Gegenleistung erbringt, wenn er die Erwartungen erfüllt. Wenn das Kind sich nicht wirklich gesehen fühlt, gerät er in den Schmerz.

Der Psychopath ist sehr logisch, extrem rational, aber er flüchtet sich nicht in seinen Kopf und ignoriert die Welt wie der schizoide Charakterzug, noch sucht er den Weg der Emotionen wie der orale Charakterzug.

Wenn Sie etwas für einen Psychopathen tun, schaut er nur darauf, was er Ihnen schuldet oder wie er sicherstellen kann, dass Sie es wieder tun, wenn er es wieder braucht. Der Psychopath testet immer die Menschen in seiner Umgebung, weil er das Gefühl hat, dass man es ihm angetan hat. Dies ist seine Welt. Als nächstes wollen wir die Körperform des Psychopathen verstehen.

Psychopathisches in Leben, Schmerz und Ressource

Der Schmerz des Psychopathen ist der Schmerz, sich manipuliert zu fühlen, auch wenn er sich nicht beklagt und es nicht zeigt. Wenn er sich nicht manipuliert fühlt, liegt das an seinen Ressourcen, an seiner Fähigkeit, sich auf eine Weise zu artikulieren, die für ihn selbst und alle in seinem Umfeld gesund ist.

Wenn Sie mit einem Psychopathen zu tun haben, erwarten Sie keine Gefühle. Erwarten Sie nicht, dass er Ihnen sein Herz öffnet. Wenn Sie ihn fragen, wie es ihm geht, wird er sich sehr wahrscheinlich fragen, was Sie mit dieser Information anfangen werden. Meistens wird er nur das Nötigste

sagen, um Sie zufrieden zu stellen. Er spricht nicht gerne über seine Fehler, Probleme oder Gefühle. Er spricht nur gerne über das, was er gut kann.

Für den Psychopathen ist alles, was er fühlt, ein Fehler. Er denkt, er kann nicht fühlen, nur tun. Wenn er in der Berufung lebt, sucht er immer nach Möglichkeiten, im Rampenlicht zu stehen, Aufmerksamkeit zu erhalten, zu tauschen, leichter zu verhandeln, die Umgebung zu manipulieren und die Erwartungen, die an ihn gestellt werden, zu erfüllen.

Ein Psychopath wird also stimuliert, wenn man seine Leistungen hervorhebt, wenn man ihn lobt, ihn wertschätzt.

Der Psychopath erwartet Anerkennung. Aber er will nicht für das anerkannt werden, was er "ist", sondern für das, was er "tut". In der Tat "versteht" er die Anerkennung nicht als das, was er ist, denn so hat er sein Nervensystem nicht trainiert.

Der Psychopath hat keine Gefühle für sich selbst, geschweige denn für andere. Aber das sollte nicht als schlechte Eigenschaft angesehen werden, denn er ist nicht schlecht, er geht nur nicht den Weg der Gefühle.

Wenn es eine schlechte Situation gibt, sucht er nach einem Plan, nach Menschen, Ressourcen und Dingen, um diese Situation zu lösen. Er arbeitet also für die Situation. Er kümmert sich nicht um Gefühle, aber er kümmert sich um Sie. Für ihn besteht die Lösung darin, einen besseren Plan auszuarbeiten, um Sie "da rauszuholen". Mit anderen Worten: Der Psychopath ist praktisch veranlagt.

Wir können von einem Psychopathen nicht erwarten, dass er jeden Plan, den er hat, ausführt, denn er findet immer andere Wege, um jede Situation zu lösen. Aber denken Sie daran: Er hat keine Beine. Das heißt, er braucht andere

Leute, die das tun. Er hat die Fähigkeit zu reden, zu manipulieren und

Menschen zu überzeugen, einem Plan zu folgen. Der Psychopath ist also ein großer Anführer.

Ein Psychopath ist in der Lage, zu verstehen, was für eine Person wichtig ist, und sich dies zunutze zu machen, indem er sie dazu bringt, das zu tun, was er will, und das ist sehr positiv!

Die Fähigkeit, sich zu artikulieren, die der Psychopath besitzt, kann perfekt genutzt werden, um einen Krieg zu beenden oder einen Krieg zu beginnen. Es hängt alles davon ab, wie er lebt. Wenn er im Schmerz lebt, manipuliert er nur, um sich zu revanchieren.

Aber wenn es ihm gut geht, nutzt er diese Fähigkeit, um Kontakte zu knüpfen, um zu überzeugen, um zu überreden, um die Pläne in die Tat umzusetzen. Der Psychopath hat einen perfekten Plan in einem Umfeld, in dem er alle "verbindet", damit jeder das tut, was getan werden muss. Was nicht bedeutet, dass er es auch tut, denn er kümmert sich sehr um das, was er tut, aber nicht um das, was er ausführt. Das "Tun" gehört dem Psychopathen, aber nicht das "Ausführen". Denken Sie daran: Der Psychopath ist ein großer Anführer.

Aber natürlich gibt es auch Psychopathen, die Menschen auf negative Weise manipulieren, benutzen und täuschen können. Wenn Sie also einen Psychopathen in der Ressource an Ihrer Seite haben wollen, der "gemeinsam" statt allein handelt, können Sie diese Person ermutigen, indem Sie sagen, wie gut sie führt und ihre Leistungen loben.

Es gibt drei Varianten der Psychopathie, die keine großen Unterschiede in der Körperform, aber sehr unterschiedliche Verhaltensweisen in der Geschichte mit sich bringen. Diese drei

Varianten des Psychopathen sind fast identisch, aber das Verhalten ist unterschiedlich.

Die drei Wege, die dieser Psychopath im Schmerz am Ende beschreitet, sind:

✓ Angst,autoritär zu sein, zu drohen,indem er seine Autorität in Schach hält;
✓ Verführung, bei der er die Person verführt,indem er sie "da oben" hinstellt;
✓ Schuldgefühle, oder sich in Situationen als Opfer hinzustellen, um die Reaktionen der Leute auf ihn zu manipulieren.

Diese drei Varianten werden durch das Vorhandensein der anderen Charakterzüge noch verstärkt. So nutzt beispielsweise der Psychopath, der den Weg des Schuldbewusstseins einschlägt, die orale Seite, die er hat, indem er das Opfer spielt.

Das ist wichtig zu wissen, denn man könnte erwarten, dass ein Psychopath sich selbst in den Mittelpunkt stellt, bewertet und befiehlt, aber er könnte sich wie ein Opfer verhalten und seine Opferrolle nutzen, um eine Situation zu manipulieren. Es ist das Beispiel des Kindes, das seine Mutter erpresst, indem sie sagt, dass er traurig sein wird, wenn er etwas nicht bekommt.

Interessant ist auch die Überlegung, dass die Person zwischen den Pfaden wechseln kann. Sie fangen mit der Verführung an, und wenn sie sehen, dass es keine Ergebnisse gibt, fangen sie an, sich selbst zum Opfer zu machen, indem sie die andere Person beschuldigen und sich selbst zum Opfer machen. Er tut alles, um seine Ziele zu erreichen. Und das ist das chamäleon artige Verhalten des Psychopathen.

Masochistische Charakterzug

Kennen Sie eine Person mit einer quadratischen Körperform, die super planvoll und vorsichtig ist, die es liebt, anderen zu gefallen und alles für sie zu tun, auch wenn es schlecht für sie selbst ist? Lernen Sie den masochistische Charakterzug von kennen, ein Charakterzug voller erstaunlicher Fähigkeiten.

Die Ausbildung des masochistischen Charakters Zuges erfolgt im Alter von etwa 2 1/2 bis 3 1/2 Jahren. Der Schwerpunkt der Kontrolle und Stärke dieses Charakterzuges liegt auf den Beinen.

Beachten Sie das folgende Bild. In der Chronologie der Myelinisierung haben wir die gelbe Farbe in der Region der Lendenwirbelsäule. Die Nervenenden der

Lendenwirbelsäule ziehen in die Beine- und Hüftregion und steuern die gesamte Muskulatur.

Dies ist die Phase, in der das Kind keine Windel mehr benutzt. In dem Moment, in dem die Myelinisierung den Bereich der Lendenwirbelsäule erreicht, ist das Kind in der Lage, den Harn- und Analschließmuskel zu kontrollieren, so dass es Urin und Stuhlgang halten kann. Viele Eltern oder Betreuer wissen nicht genau, wann das Kind beginnt, diese Schließmuskelkontrolle zu haben. Sie fangen an, das Kind zu vernachlässigen, bevor es soweit ist und das Kind noch nicht bereit ist.

Ein Kind ist bereit für die Entwöhnung, wenn er alleine Treppen steigen kann, ohne sich an der Wand oder am Geländer festzuhalten. Dies deutet darauf hin, dass das Kind über eine vollständige Myelinisierung der Lendenwirbelsäule verfügt und den Schließmuskel kontrollieren kann.

Die Eltern beschweren sich, dass das Kind nicht auf die Toilette gehen will. Die Wahrheit ist jedoch, dass das Kind noch nicht wusste, dass es loslassen musste, weil es noch nicht über die sensorische Wahrnehmung und Kontrolle verfügt, um zu spüren, dass es abführen oder wasserlassen muss, um es festzuhalten und es den Eltern zu sagen oder um das Töpfchen zu holen. Die Eltern, die dies nicht verstehen, sind enttäuscht und beginnen, Forderungen an das Kind zu stellen, die in ihm den Schmerz der Demütigung hervorrufen.

Wenn das Kind auf diese Tatsache aufmerksam gemacht wird, geschieht dies in einer Umgebung, in der oft andere Erwachsene, andere Kinder, Familienmitglieder oder Fremde anwesend sind. Dann bekommt das Kind den Eindruck von "du versuchst, mich zu demütigen". Anders als bei der Ausbildung des psychopathischen Charakterzuges achten die Eltern nun darauf, was er "falsch gemacht" hat. Der Vorwurf wird als Demütigung empfunden und prägt die masochistische Charakterzug.

"Oh je, ich werde für etwas gedemütigt, was ich getan habe und worauf ich keinen Einfluss hatte." Wie kann ich mich davon freikaufen?". Das Kind beginnt dann, Mechanismen zu entwickeln,
um sich zu verteidigen, und in diesem Moment wird die masochistische Ressource geboren.

Die Menschen in der Umgebung eines Kindes haben oft nicht die Absicht, dieses Kind zu demütigen. Und diejenigen, die das Kind demütigen, sollten wegen Misshandlung bestraft werden.

In diesem Alter kann das Kind bereits eine bessere Kontrolle über Sprache, Kopf und Rumpf ausüben und hat bereits ein gewisses Maß an Interaktion mit Menschen entwickelt. Daher werden die Anforderungen, die sie wahrnehmen, für dieses sich entwickelnde Kind immer komplexer.

Wenn die Myelinisierung der Harn- und Analschließmuskeln einsetzt, beginnt das Kind zu spüren, dass sein Körper darauf aufmerksam macht, dass sich etwas in seinem Körper angesammelt hat und weg muss. Sie wissen nicht, wie sie diese Muskeln rechtzeitig erkennen oder kontrollieren können, also versuchen sie, die Muskeln zu kontrollieren, über die sie bereits Kontrolle haben. Das Kind beginnt dann, die Muskeln des Gesäßes zu benutzen, um es festzuhalten, als ob es den Kot auf eine andere Weise halten müsste.

Wenn man das Kind kritisiert und es um eine Erklärung bittet, warum es etwas getan hat, das es nicht erklären kann, nimmt es den Vorwurf einfach auf und gibt nichts zurück.

Indem es seinen Schmerz erzeugt, beginnt das Kind die Ressource zu entwickeln, beim nächsten Mal aufmerksamer zu sein und in seinem Kopf einen Prozess zu entwickeln, der es ihm ermöglicht, den Stuhlgang länger zu halten, um keine "Sauerei" zu machen.

In dem Maße, wie das Kind diesen Prozess schafft, beginnt es, auf Details zu achten, die manchmal nichts mit dem Gefühl des Abführens oder Urinierens zu tun haben, Details, auf die man normalerweise nicht achtet und sich dazu zwingt, um den "Fehler" nicht noch einmal zu machen.

Diese Anstrengung ist mit einem Gefühl des "Ich muss mich mit dem abfinden, was hier drin steht" verbunden. Wenn sie also schon mit mir streiten, soll ich ruhig sein". Das Kind entwickelt die Fähigkeit, die äußere Welt zu ertragen, das, was ihm selbst und anderen Menschen widerfährt.

Der Masochist versteht, dass er sich abkapseln muss, um sich zu schützen, weil er stark ist und es aushalten kann. Für den Masochisten, ähnlich wie für den schizoiden Charakterzug, wird die Welt schlechter, wenn sie zu sehr

existiert. Daher wird er dazu neigen, sich mehr zu verschließen, sich zurückzuziehen, denn je mehr Menschen um mich herum sind, desto größer ist die Demütigung, die er empfindet, wenn er "loslässt".

Je mehr der Masochist unter Schmerzen leidet, desto mehr zieht er sich zurück. In der Ressource entwickelt er seine

Methoden, seine Skripte, Werkzeuge, um das Gefühl zu haben, dass er "damit umgehen kann", dass er es aushält, dass er weiß, was passieren wird, dass er mit allem, was um ihn herum geschieht, gut umgehen kann und sogar in der Lage ist, alles, was er braucht, auszudrücken, den Menschen gegenüber zu offenbaren.

Masochistische in Leben, Schmerz und Ressource

Menschen, bei denen der masochistische Charakterzug überwiegt, vermitteln das Gefühl, so lange wie möglich durchhalten zu müssen, und wirken oft wie ein Dampfkochtopf. Aber irgendwann kommen sie damit nicht mehr zurecht und explodieren.

Bei Masochisten sehen wir oft diese Polarität zwischen möglichst langem Durchhalten und Explosion. Dies ist mit Wut verbunden, denn er fühlt sich gedemütigt und hält sich fest, bis er es nicht mehr aushalten kann.

Oft wirft ein Dritter seine Last auf einen Masochisten, spricht mit wenig Taktgefühl, wenig Sorgfalt und denkt "ach, so ist er eben, er ist ruhig, er reagiert nicht...", aber er spürt es!

Der Masochist, wenn er fühlt, behält es, gibt es nicht zurück, aber wenn er es rauslässt, tut er es am Ende alles auf einmal, lässt raus, was reingehört und was nicht reingehört. In diesem Moment kann der Masochist Dinge von vor vielen Jahren wieder hervorrufen, an die er sich nicht einmal erinnert, dass sie es ihm erzählt haben. Er erinnerte sich, fühlte und behielt es. Es ist also

keine Übertreibung, wenn er explodiert und sie löscht. Das ist eine Art, sich selbst zu entlasten.

Menschen mit einem masochistischen Charakterzug sind oft stolz darauf, dass sie aushalten, was andere nicht aushalten können. Aber er muss verstehen, dass er sich aussuchen kann, "was" er ertragen will. Wenn der Masochist diese Entscheidung nicht trifft, wird er zu einem Esel, dem alle ihre Last aufbürden, oder zu einem Fußabtreter, auf den alle treten und denken, nein, das ist schon in Ordnung.

Wenn man die Person ansieht, sieht es so aus, als wäre alles in Ordnung, aber sie trägt etwas, das sie ertragen kann und das sie nicht hätte tragen müssen. Der Masochist, der Schmerzen hat, neigt dazu, sich abzuschalten, nicht zu produzieren und statisch zu bleiben.

Wenn dann der Masochist anfängt zu filtern, was er tragen soll, ist seine Ressource geboren, denn er ist eine sehr zuverlässige Person, jemand, mit dem man teilen kann. Der Masochist setzt die ihm zur Verfügung stehende Kraft ein, aber jetzt auf gesunde Weise. Und wenn du anfängst, die Kraft dieser Person nur dazu zu nutzen, um sie zu belasten, zu schmerzen, dich zu beschweren über das, was du nicht mehr willst, dann sperrt sich der Masochist in seiner Ressource irgendwann dagegen, wenn er merkt, dass er keinen Nutzen davon hat.

Da der Masochist Sicherheit sucht, wenn er Vertrauen in seine Umgebung und in die Menschen um ihn herum spürt, wird er in dieser Umgebung "locker", schlägt Wurzeln, stellt sich zur Verfügung, hilft, drückt sich aus, ohne die Angst zu nähren, beurteilt zu werden. Ein Masochist in Sachen Einfallsreichtum festigt sich, führt die Dinge aus, bringt sie in Ordnung.

Bei schnelleren Menschen kann die Geschwindigkeit, mit der der Masochist die Dinge ausführt, langsam sein, aber das liegt daran, dass er sehr detailorientiert ist. Er unternimmt also nur dann einen

Schritt in seiner Tätigkeit oder seinem Projekt, wenn er sicher ist, dass es der richtige Schritt ist.

Masochisten sind sehr gut darin, sich um Prozesse, Methoden und Verfahren zu kümmern, um Dinge, die Details erfordern, und Dinge gut zu machen, im Gegensatz zu anderen Persönlichkeitsmerkmalen, die in der Regel keine Geduld mit diesem Detailgrad haben.

Aus diesem Grund funktioniert der Masochist nicht gut mit Improvisation, vor allem nicht in Verbindung mit Exposition, denn er braucht Organisation und ein Drehbuch. Der Masochist ist darauf programmiert, Fehler zu vermeiden. Er gibt sich selbst die Schuld, wenn er einen Fehler macht, und versucht, ihn zu vermeiden.

Was wir von einem Masochisten erwarten können, ist Stärke, Vorsicht, Loyalität, Komplizenschaft, Konsequenz und Liebe zum Detail. Und was wir von einem Masochisten nicht erwarten können, ist Spontaneität, Improvisation, dass er seine Gefühle automatisch öffnet.

Einen Masochisten können wir stimulieren, indem wir ihm zeigen, dass wir seine Fähigkeiten und Anstrengungen anerkennen, indem wir ihm dies anhand der hier genannten Merkmale mitteilen. Dies gilt insbesondere, wenn Sie diese Eigenschaften öffentlich anerkennen, denn wenn sich der Masochist durch eine Schelte, ein negatives Feedback gedemütigt fühlt, fühlt er sich noch mehr gedemütigt, da viele Menschen in der Situation anwesend sind.

Wenn Sie ihn dagegen öffentlich loben, ist das ein viel größerer Gewinn und Ansporn für ihn.

Es kann auch passieren, dass der Masochist im Schmerz, der sich in die Enge getrieben, erniedrigt und gedemütigt fühlt, "rebelliert" und beschließt, nur noch absichtlich Fehler zu machen! Dann fängt er an, alle wie ein Traktor zu überfahren, überfährt alles und jeden, explodiert ohne Not, so dass die Leute sich umschauen und sagen: "Warum verhält er sich so?" Hier wird der Masochist zu einer Art Feldwebel, der andere erniedrigen muss. Dies ist eine Form der Selbstverteidigung für die Masochisten.

Der Masochist, der seine Emotionen für sich behält, der passiv ist, hat einen Prozess der Selbstzerstörung, weil er seine aufgestaute Wut an sich selbst auslässt, während der Masochist, der explodiert, seine Wut in die Welt entlässt. Dies sind die beiden Varianten der masochistischen Charakterzug. Es handelt sich um eine Abwandlung des Fußabtreter-Masochisten zum explosiven Masochisten. Der Unterschied liegt nicht in den Körperformen, sondern in der

Geschichte, im Verhalten, in der Art und Weise, wie man mit der Welt umgeht.

Rigide Charakterzug

Jetzt ist es an der Zeit, über den rigiden Charakter zu sprechen, d. h. wenn die Myelinisierung des Marks zu Ende geht und neue Nervenäste in die Genitalregion geführt werden.

Wir können sagen, dass dies der Zeitpunkt ist, an dem der magische "Schock" eintritt.

Immer wenn die Myelinisierung in einer neuen Region ankommt, werden die Nervenverbindungen installiert und eine neue sensorische und motorische Wahrnehmung findet statt.

Wenn diese neue Wahrnehmung im Genitalbereich ankommt, etwa im Alter von 4 oder 5 Jahren, tritt die Sexualität in das Leben des Kindes.

Es geht hier nicht darum, Sex haben zu wollen. Das Kind wird in einer normalen Situation weder Lust noch Verlangen empfinden. Das Kind spürt, dass es früher einen Teil des Körpers gab, der keine anderen Empfindungen als die anderen Teile hervorrief.

Das Mädchen, das seine Genitalien oder seine Nase berührte, fühlte dasselbe, aber jetzt, wenn sie es dort unten berührt, fühlt sie etwas anderes. Das Gleiche geschieht mit dem Jungen: Er hat eine Körperregion mit einer anderen Sensibilität, die interessant und sogar schmackhaft ist. Neben dieser neuen Empfindsamkeit erhält der Körper eine Menge verschiedener Sexualhormone.

In dieser hormon Explosion kommt die Ausbildung des rigiden Charakterzuges ins Spiel. Hier bildet sich zum ersten Mal Freuds

viel zitiertes ödipales Dreieck. Das Mädchen wird Papas kleine Freundin, Papas kleine Prinzessin, und der Junge wird Mamas kleiner Freund, Mamas Prinz.

Warum? Denn das System des Kindes beginnt, die Paare in Beziehungen zu erkennen. Der Junge sucht seinen ersten Gleichaltrigen bei der Mutter, während das Mädchen den Vater sucht.
Nur haben sowohl der Vater als auch die Mutter bereits jemanden und bilden das Dreieck zwischen "mir, meinem Vater und meiner Mutter".

Dann kommt der Schmerz der Starrheit: Das Kind wird in dieser Beziehung verlieren. Das Mädchen wird Papa an Mama verlieren und der Junge wird Mama an Papa verlieren - immer.

Der Schmerz der Starrheit ist der Schmerz des Verrats. Dieses Kind fühlt sich verraten und ausgeschlossen, weil die Mutter dem Jungen sagt, dass er ihr Leben ist, dass er Mamas Prinz ist, aber wenn es Nacht wird, küsst sie ihn und geht mit Papa schlafen.

In diesem Moment wird der Junge aus der Beziehung ausgeschlossen, so als ob die Mutter den Vater ihm vorgezogen hätte.

Das Gleiche passiert mit dem Mädchen. Nur hat dieser Körper jetzt schon eine Möglichkeit, sich zu verteidigen, und um diesen Schmerz nicht noch einmal durchzumachen, um in dieser Welt der Paare zu überleben, ohne ausgeschlossen zu werden, entwickelt er im Geist eine

Ressource der Wettbewerbsfähigkeit: Er will nicht mehr verlieren.

Die Ressource des Steifen ist die Wettbewerbsfähigkeit.

Sie sind äußerst wettbewerbsfähig, proaktiv, führungsstark und beweglich.
Mit der Zeit verbessert sich ihr Körper und erhält attraktive und imposante Formen.

Rigide haben harmonischen Körper mit gekrümmten Formen und gut verteilten Energieniveaus. Da sich diese Eigenschaft zum Zeitpunkt der Entstehung der Sexualität herausgebildet hat, wird der Körper des Starrköpfigen sinnlicher und attraktiver wirken.
Sie sind die Hollywood-Stars, die Menschen, die Aufmerksamkeit auf sich ziehen.

Ein gutes Beispiel für Starrheit ist dieses Paar:

Es handelt sich um zwei äußerst rigide, attraktive und konkurrenzfähige Menschen.

Aber sie sind zwei extrem gespaltene Menschen: Sie ist gespalten zwischen dem Körper ihres Mannes und der Liebe ihres Vaters.

Ihm geht es genauso: Er ist zwischen ihr und seiner Mutter gespalten. Diese Spaltung bleibt ein Leben lang bestehen.

Der Rigid lebt die Welt in einem Dreieck.

Zwischen einer Beziehung und einer anderen, zwischen einer Karriere und einer anderen, zwischen einem Projekt und einem anderen.

Diese Art von Geist setze nie alles auf eine Karte und vertraut niemandem völlig. Sie hat auch ein extremes Kontrollbedürfnis.

All das, weil sein Nervensystem darauf programmiert ist, in einer Welt zu überleben, in der er zu kurz kommen könnte, und weil er nicht noch einmal verlieren will.

Kennen Sie diese Person, die so gut proportioniert ist, mit dem Körper einer Gitarre, mit ausgeprägten Muskeln? Das ist eine attraktive Person, die nie denkt, dass sie gut genug oder perfekt genug ist. Diese Person hat wahrscheinlich eine starke Ausprägung des rigiden Charakterzugs. Die Eigenschaft von schönen, proaktiven und agilen Menschen, die nach unerreichbarer Perfektion streben.

Der Prozess der Myelinisierung formt unseren Körper und unseren Geist. Der rigide Charakterzug bringt eine zusätzliche sexuelle Energie mit sich und führt zu einem harmonischen und flüssigen Körper, der von vielen im Rahmen der kulturellen Schönheitsstandards als schöner angesehen wird.

Betrachtet man in der Abbildung unten die Chronologie der Myelinisierung, so ist die Region, die mit dem rigiden Charakterzug zusammenhängt, die grüne Region. Dies ist die Sakralregion, das Ende der Wirbelsäule, aus der Nervenenden austreten, die die

Genitalbereiche innervieren, die Sensibilität in diesem Bereich erhöhen und neue Hormone stimulieren, die im Blutkreislauf des Kindes zu zirkulieren beginnen.

Die Entwicklungszeit dieses Charakterzüge liegt zwischen dem Alter von dreieinhalb und fünf Jahren, also in der Phase, in der das Kind beginnt, etwas anderes in den Genitalien zu spüren. Von da an beginnt das Kind eine Sexualität zu empfinden, die sich natürlich von der im Erwachsenenalter unterscheidet. Sie spürt eine andere Energie, die sie vorher nicht gespürt hat. In dieser Phase fängt das Kind an, seine Hand immer häufiger an seinen Intimbereich zu legen. Er nimmt wahr, dass es dort etwas Neues gibt.

Wir betonen, dass diese Entdeckung nichts mit sexuellem Verlangen zu tun hat. Sie erlangt lediglich eine neue Sinneswahrnehmung in einem Bereich des Körpers, der bereits vorhanden war, aber nicht über diese Sensibilität verfügte.

In diesem Moment beginnt das Kind auch zu bemerken, dass Menschen "zu zweit zusammenkommen". Diese Wahrnehmung hängt mit dem Moment zusammen, in dem es lebt, und auch mit dem, was es in der Welt um sich herum wahrzunehmen beginnt. "Mein Vater ist mit meiner Mutter zusammen, mein Onkel mit meiner Tante, ich brauche auch ein Paar."

Das Kind beginnt, eine neue Wahrnehmung von Beziehungen zu haben. Das erste Paar, das für das Kind gebildet wird, sind seine Eltern, so dass sie ihre Kinder oft "mein Prinz" oder "meine Königin, du bist alles für mich, du bist mein Leben, ich sorge für dich" nennen. In diesem Moment wird dem Kind auch klar, dass sein Vater oder seine Mutter zur Arbeit geht, mit anderen Menschen zu tun hat und anderen Aktivitäten nachgeht, obwohl ihm gesagt wird, dass es in seinem Leben so wichtig ist. Das Kind fühlt sich verändert.

Das Kind versteht noch nicht, dass Vater und Mutter verschiedene andere Dinge zu tun haben, denn es denkt nur daran, dass die Menschen in der Welt zu zweit leben und es den Gleichaltrigen braucht. Von dort aus spricht Freud über das ödipale Dreieck. Das Mädchen tut sich mit ihrem Vater zusammen und lässt ihre Mutter beiseite. Der Junge tut sich mit seiner Mutter zusammen und lässt seinen Vater beiseite.

Dann beginnt ein Streit, denn das Kind hat noch keine Ahnung, dass es sich nicht mit seinem Vater oder seiner Mutter paaren kann. Diese Klarheit gewinnen sie erst im Laufe des sozialen Lebens, das sie aufbauen. In diesem

Moment verbindet er sich mit dem Elternteil des anderen Geschlechts, und der rigide Charakterzug ist geboren.

Hier entsteht auch der Schmerz der Starrheit, d.h. der Schmerz, sich verändert, ausgeschlossen, verraten zu fühlen, wenn das Kind merkt, dass der Vater oder die Mutter nicht immer sein Partner sein kann, weil sie andere Aufgaben haben, nachdem sie ihm gesagt haben, dass sie es so sehr lieben.

Das Kind beginnt dann zu erkennen, dass die Verbindung zwischen seinem Vater und seiner Mutter stärker ist und dass sie kein Paar, sondern eher ein Dreieck gebildet hat, in dem sie der schwächste Teil ist, denn als sie ankam, waren ihre Eltern bereits verbunden. Unabhängig davon, wie "erschüttert" das Paar durch die Ankunft des Kindes ist, besteht die Tendenz, zumindest theoretisch, dass diese Vereinigung der Eltern fortbesteht.

Wenn also jemand mit einem rigiden Charakterzug das Gefühl hat, etwas verloren zu haben, denkt er immer: "Gegen wen oder was hast du mich eingetauscht?" Das ist ihre "dreieckige" Wahrnehmung.

Diese Wahrnehmung führt dazu, dass der Starrköpfige darüber nachdenkt, was er an sich selbst verbessern oder perfektionieren muss, um beim nächsten Mal zu "gewinnen", um den Vorzug zu erhalten. Deshalb ist es für ihn wichtig zu wissen, gegen wen oder was er ausgetauscht wurde.
Von nun an wird das gesamte Nervennetz, alle Synapsen im Körper dieses sich entwickelnden Wesens ihn kontrollieren,

damit er sich verbessert, um mehr Aufmerksamkeit zu bekommen. Diese Person verfügt über eine neue Ressource, eine Körperregion, die eine neue Sensibilität erlangt hat, die sie vor dem Schmerz des Verlustes schützen wird.

Das Kind denkt: "Wie überlebe ich in einer Welt, in der es Paare gibt, und in der ich versuche, Paare zu bilden, und werde manchmal ausgeschlossen?" Ich muss hier etwas ändern. Und es kommt zu Veränderungen, sowohl im Körper als auch im Geist.

Die Veränderung wird durch Sexualhormone angeregt, die das Wachstum der Frau und des Mannes stimulieren. So entwickelt der rigide Charakterzug in der Person einen Körper mit einer größeren Attraktivität, mit einem Sexappeal, da dies ihn in den Dreiecksbeziehungen des Lebens gewinnen lässt.

Was der Rigide schmerzt, ist verändert zu werden; und diese Angst ist sehr stark in ihm. So versteht er, dass er

sich nicht auf eine einzige Option verlassen kann, denn, wenn er eine einzige Option hat und sich wieder ändert, ist er "in der Hand".

Als Kind in der Dreiecksbeziehung mit Vater und Mutter der Rigide am Ende der Schwache war, versteht er jetzt, dass er zwei Möglichkeiten hat, dass er nicht mehr der Schwache ist. Er wird daher dazu neigen, in verschiedene Aspekte des Lebens Dreiecksbeziehungen einzugehen, weil es schmerzt, verändert zu werden.

Und was seinen Einfallsreichtum betrifft, der sich aus der Art des Schmerzes ergibt, so ist der Starrköpfige am Ende jemand, der sehr wettbewerbsfähig, proaktiv und handlungs freudig ist. Ihr Körper entwickelt sich in dem Sinne, dass er die Statur, die Form und die Harmonie hat, um konkurrenzfähig zu sein. Es sind Menschen, die körperlich und emotional "bereit" sind, sich zu messen, aber nicht um des Messens willen, sondern um zu gewinnen.

Für den Starrköpfigen ist es eine Schande, Zweiter zu

werden, denn er will immer der Erste und der Auserwählte sein.

Menschen, bei denen der rigide Charakterzug überwiegt, sind am ehesten in der Lage, Liebe und Sex zu trennen. Als Nächstes wollen wir sehen, wie sich dieser Charakterzug in Körper und Geist manifestiert.

Rigide in Leben, Schmerz und Ressource

Während der Schmerz des rigiden Charakterzugs in der existenziellen Dreiecksbeziehung liegt, besteht ihre Ressource in ihrer enormen Proaktivität und Beweglichkeit. Das heißt, der Rigide muss keine Anfragen oder Befehle erhalten, um etwas auszuführen. Er rechnet es bereits aus, was er tun muss, um der Beste zu sein, und er tut es.

Da der Rigide die Aufmerksamkeit der Leute haben und ausgewählt werden möchte, glänzt er gerne. In der Ressource schafft er es, Proaktivität, Energie, Agilität und

Wettbewerb zu vereinen, um zu glänzen. Er kann die Menschen in seiner Umgebung bezaubern, verführen und erobern.

In der Geschäftswelt sind Stiffs extrem überzeugende und vernetzte Menschen. Das liegt daran, dass sie "glänzen", dass sie Menschen anziehen, dass sie Brücken bauen, dass sie überzeugen und dass sie, wenn sie etwas unternehmen müssen, es auch tun!

Von einer rigiden Person können wir Stärke, Beständigkeit und Ausdauer bis zum Ende erwarten, bis sie das Spiel gewinnt. Da ihr Vergnügen in der Eroberung liegt, suchen sie, sobald sie ihr Ziel erreicht haben, nach neuen Plänen und Zielen.

Der rigide Mensch neigt dazu, ständig Leistung zu erbringen, er ist der wahre "Macher". Denn er glaubt, dass er Zeit und Möglichkeiten vergeudet, wenn er stillsteht. Er ist ein energiegeladener und elektrischer Mensch. Der Rigide nutzt auch seine körperliche Struktur als Ressource.

Wie wir bereits sagten, entsteht in dem Moment, in dem der rigide Mensch erkennt, dass er sich in einer Dreieckssituation befindet und versteht, dass er ausgeschlossen, ausgelassen oder ausgetauscht wurde, ein Schmerz.

Im Schmerz wird dieser Charakterzug sehr fragend und perfektionistisch, was ihn bremsen wird. Er bremst, wenn er keine Freude daran empfindet, der Beste zu sein und sich ständig zu verbessern, um sich selbst oder jemandem, dem er gefallen will, zu gefallen. Der rigide Mensch leidet, wenn er in irgendeinem Aspekt seines Lebens nicht erfolgreich ist.

Der rigide Mensch konkurriert, ohne zu wissen, mit wem; versucht zu greifen, weiß aber nicht, wem. Er konzentriert sich darauf, beim nächsten Mal nicht zu verlieren. Im Zusammenhang mit der existenziellen Triangulierung ist zu beachten, dass, wenn man dem rigiden Menschen eine

Option gibt und er keine andere hat, er diese zweite Option selbst schafft.

Sie können zum Beispiel eine rigide Person beauftragen, eine Dienstleistung zu erbringen. Er versteht, dass Sie eine Option für ihn sind. Aber er sucht weiter nach seiner anderen Option oder Ihrer anderen Option, weil er ein "starkes Dreieck" aufbauen muss. Er muss eine zweite Option haben, weil er sich einbildet, dass der andere auch mehr Optionen hat.

Der Gedanke ist: "Ich wurde eingestellt, aber wenn ich versage, wer wird meinen Platz einnehmen?". Das Rigide-System versucht also immer, dieses Dreieck, das fehlende Stück, zu vervollständigen. Er versucht, alles so zu kontrollieren, dass er in einer möglichst günstigen Position ist.

Dieses Bedürfnis nach Kontrolle, in dem Moment, in dem er Schmerzen hat, verbraucht die gesamte Lebensenergie des rigiden. Es ist unmöglich, alle Dinge, alle Variablen und vor allem alle Menschen zu kontrollieren. Der Unbeugsame würde gerne Dinge kontrollieren, die gar nicht kontrollierbar sind, und zwar über einen längeren Zeitraum oder über etwas, das ihn in Wirklichkeit gar nicht bedroht. Aber für ihn ist diese Sache Teil der Kontrolle. Wenn er das Ding nicht besiegen oder gar eliminieren kann, muss er es kontrollieren.

Endlose Verbesserungen und heftige Kritik, weil der rigide Mensch denkt, er sei nicht gut genug. Die für ihn gesunde Dreiecksbeziehung, die vorher nur ein Gleichgewicht, eine Aufteilung der Kräfte war, beginnt sich in ein Chaos zu verwandeln. Das heißt, wenn er Schmerzen hat, kann er sich

nicht freuen oder Gelassenheit vermitteln, obwohl er sich unter Kontrolle hat.

Bei der Ressource hingegen ist die Dreierkonstellation die Lösung. Der Rigide in der Ressource ist in der Lage, eine Trennung zu machen. Zum Beispiel steckt er seine Energie manchmal in sein

Privatleben, manchmal in sein Berufsleben. Wenn er Schmerzen hat, arbeitet er und denkt, dass er bei seiner Familie sein sollte. Dann hat er ein schlechtes Gewissen, weil er arbeitet, und andersherum. Sein Körper ist an einem Ort und sein Geist an einem anderen.

Der Rigide strahlt immer ein Gefühl der Fülle, der Fähigkeit und der Kontrolle aus, aber vor allem, wenn er Schmerzen hat, kann man in ihm eine große Unsicherheit wahrnehmen. Dies geschieht, weil er immer Angst hat, zu verlieren, weil er denkt, dass er verlieren wird.

Diese Abnutzung schmerzt und wirkt sich auf den physischen Körper des Betroffenen aus. Deshalb hat er ständig Schmerzen im Körper, unter anderem im Nacken oder im hinteren Teil der Lendenwirbelsäule. Dies ist eine Folge der Energie, die für die Aufspaltung aufgewendet wird, um von einer Seite zur anderen zu gelangen. Die Person unternimmt große mentale Anstrengungen, um zu versuchen, alles zu kontrollieren, weil sie tief im Inneren Angst hat, zu verlieren.

Wenn Sie versuchen, einer Leiche zu helfen, müssen sie sich Ihnen gegenüber öffnen, sich verletzlich zeigen und ihre Schwächen offenbaren. Bei diesem Charakterzug weckt das Zeigen seiner Schwächen den Gedanken: "Wenn ich dir meine Schwächen, meine Fehler zeige, was werde ich dann tun, wenn ich mit dir konkurrieren muss?" Er denkt nämlich, dass er eines Tages auch mit Ihnen konkurrieren muss.

Erwarten Sie keine Verletzlichkeit, keine Hingabe und kein Vertrauen in andere Menschen, keine ausschließliche Konzentration und keine schnellen Entscheidungen.

Auch wenn sie gut gestaltete Körper haben, haben die Rigiden meist Probleme mit ihrem eigenen Image. Obwohl sie als sehr schön gelten, leiden sie darunter, dass sie sich nicht so schön finden, wie sie sein sollten.

Um einen Steifen positiv zu stimulieren, müssen Sie ihm also zeigen, dass er Ihnen vertrauen kann und sich bei Ihnen sicher fühlen kann, dass "Ihre Seite des Dreiecks fest ist". Dies führt dazu, dass er sich länger mit der Ressource und nicht mit dem Schmerz beschäftigt.

Neue Methode für Charakteranalyse und deren Nutzen

Die Charakteranalyse ist zweifellos ein mächtiges Werkzeug für alle, die sich mit der menschlichen Entwicklung beschäftigen!

Der Punkt liegt in der Geschichte der Menschen. Das Nervensystem ist darauf programmiert, einen der fünf existentiellen Schmerzen zu vermeiden, und die meisten (die große Mehrheit!) haben keine Ahnung, welche Ressourcen sie haben.

Die Charakteranalyse erklärt über Beziehung, Finanzen, Gesellschaft, Trennung, Krankheit, ... einfach viele Punkte. Jede Ausgabe!

Können Sie sich vorstellen, dass jemand ein Problem hat und Sie ihm helfen können, indem Sie ihn dazu bringen, sein Problem zu verstehen, sich selbst zu entdecken und es auf der Stelle zu lösen?

Die Methode kann bei jedem angewendet werden!

Kinder, Eltern, Ehegatten, Partner, Teams, Patienten, Unternehmer, Therapeuten, Führungskräfte, Coaches, Ärzte, Psychologen, Psychiater... das spielt keine Rolle!

Diesen Prozess zu wissen und zu verstehen, wird Ihnen zu besseren Beziehungen verhelfen, beruflich und privat, so dass Sie ein erfülltes Leben führen und so sein können, wie Sie sind, mit dem Wissen, das Beste aus sich herauszuholen und mehr Menschen zu helfen, dasselbe zu tun!

Sie können mich auf Internet, Instagram, Facebook oder per E-Mail finden, um deinen Termin für eine Charakteranalyse zu vereinbaren, oder als Geschenke für Freunde und Familie, diejenigen, die verloren sind und nicht wissen, welche Richtung sie im Leben einschlagen sollen.
Alle, die unter emotionalen Problemen leiden, die sie nicht verstehen können.

Ich helfe den Menschen, sich aus verschiedenen emotionalen Fallen und aus der Vergangenheit zu befreien, um ihre Karriere voranzutreiben, um mehr Bedeutung im Leben und im Unternehmen zu erlangen. Die Hilfe, um ihre Arbeit wertzuschätzen oder um sich bewusst zu werden, dass sie eine andere suchen müssen, um ihre emotionalen und körperlichen Bedürfnisse zu befriedigen.

Die Charakteranalyse lässt die Menschen verstehen, warum sie durch eine Krankheit versuchen, Probleme loszuwerden, die sie nicht den Mut haben, anzunehmen oder abzulehnen, wenn sie nicht ihre eigenen sind.

Während der Pandemie haben wir gesehen, wie mehrere Menschen in einen emotionalen Zusammenbruch gerieten oder etwas vermissten, um einen zu haben, verstärkte familiäre Probleme. Das Home-Office hat seine Vorteile, aber auch seine psychischen Herausforderungen. Wenn Sie etwas anderes in Form von persönlicher Betreuung für die Mitarbeiter anbieten, wird dies zeigen, dass Ihr Unternehmen immer daran interessiert ist, Erneuerung zu bringen, was die meisten aktuell in der Pflege für ihre Mitarbeiter nicht einsetzen.

Es geht nicht um eine psychologische Behandlung, sondern darum, jeder Person die Möglichkeit anzubieten, zu verstehen, wie ihr Geist funktioniert und somit zu wissen, wie man damit umgeht und gesunde Entscheidungen trifft. Gewohnheiten und Gedanken zu verlassen, die nur die berufliche oder persönliche Entwicklung behindern.

Eine neue Karriere zu suchen, wenn nötig. Einigen den Sinn zu geben, sich mehr für ihr Berufsleben zu engagieren, mehr zu studieren oder einen anderen Job zu suchen oder sich innerhalb des Unternehmens zu entwickeln, könnte gut sein.

Die Charakteranalyse hilft den Unternehmen, die richtigen Mitarbeiter in die richtigen Positionen zu bringen, denn man kann nicht nur wissen, was die Person für eine Position gelernt hat, sondern auch, wie ihr Geist mit der Position umgehen wird und was von der Person erwartet werden kann und was nicht.

Was kannst du lernen…

✔ Entwickle ein leichteres und ausgewogeneres Leben.

✔ Triff selbstbewusstere Entscheidungen, indem du deine aktuellen und zukünftigen Bedürfnisse beachtest.

✔ Nutze dein produktives Potenzial optimal aus.

✔ die besten Umgebungen, die dich glücklicher machen und dich weiterentwickeln lassen.

✔ Lerne, die Talente, die du hast, zu mögen, auch wenn du sie als Fehler betrachtest.

✔ Lerne, dich besser mit Menschen zu verbinden, ohne dabei deine Bedürfnisse zu vernachlässigen.

Die Charaktereigenschaften repräsentieren unser Wesen als Person. An ihnen können wir erkennen, welche Art von Schmerzen und Ressourcen eine Person besitzt.

Die Körperform einer Person spiegelt und offenbart diese Eigenschaften. Sie ist der sichtbare Teil des Geistes und wird durch die Lebensgeschichte einer Person bestätigt.

Wir alle haben fünf Charaktereigenschaften. Wir werden durch die Vereinigung all dieser Eigenschaften geformt. Was uns jedoch unterscheidet, ist die Intensität, mit der sich jede Eigenschaft zeigt, die bei jedem Menschen ein Trauma, eine Ressource oder ein Talent entwickelt hat.

Weißt du, wohin du gehen willst, was sind deine Ziele im Leben? Was sind deine Träume? Was willst du wirklich?

Wo und wie willst du dich als Mensch entwickeln?

In deiner Karriere?
In deinem Privatleben?
Oder in deinen Beziehungen?

Das von der Firma "O Corpo Explica" erschaffen und entwickelte Körperanalyse-Tool ist daher so wichtig und notwendig.

Mit der Character Map können alle fünf Merkmale identifiziert werden. So weiß eine Person genau, wie sie sie kontrollieren kann. Es war auch wichtig, eine einfache und populäre Sprache zu haben, um das Thema zu erklären.

Die Körperanalyse ist eine Methode, bei der der Analytiker 6 spezifische Körperpunkte berücksichtigt und anhand ihrer Form die Prozentsätze der Charaktermerkmale bestimmen kann.

Durch die Analyse mit einem qualifizierten Fachmann (ich bin zertifiziert) ist es möglich, herauszufinden, wie sich eine Person verhält, was sie mag, was sie nicht mag, wie sie auf bestimmte Situationen reagiert und wie sie mit anderen interagieren kann, um eine produktivere und gesündere Beziehung zu erreichen.

Kontrollierst du, was du noch nicht kennt, Verbessert wer du bist um deine Ziele zu erreichen!

Als Coach begleite und befähige ich dich, deine eigenen Lösungen zu finden.

Du bist wertvoll !!!!

© 2023 Lucia Pontes Terere.merkmale

Korrektorat: Vorname Name oder Institution

Herstellung und Verlag: BoD – Books on Demand, Norderstedt

ISBN: ISBN: 9783757818005